ICH REDE

Ich will doch nur freundlich sein
Dir verbal zu Diensten sein
Will doch gar nichts, nichts von dir
Bin nur zur Unterhaltung hier

TIEFE WASSER SIND NICHT STILL

DER RHEIN

TILL LINDEMANN

JOEY KELLY

FOTOGRAFIE **THOMAS STACHELHAUS**

FREDERKING & THALER

INHALT

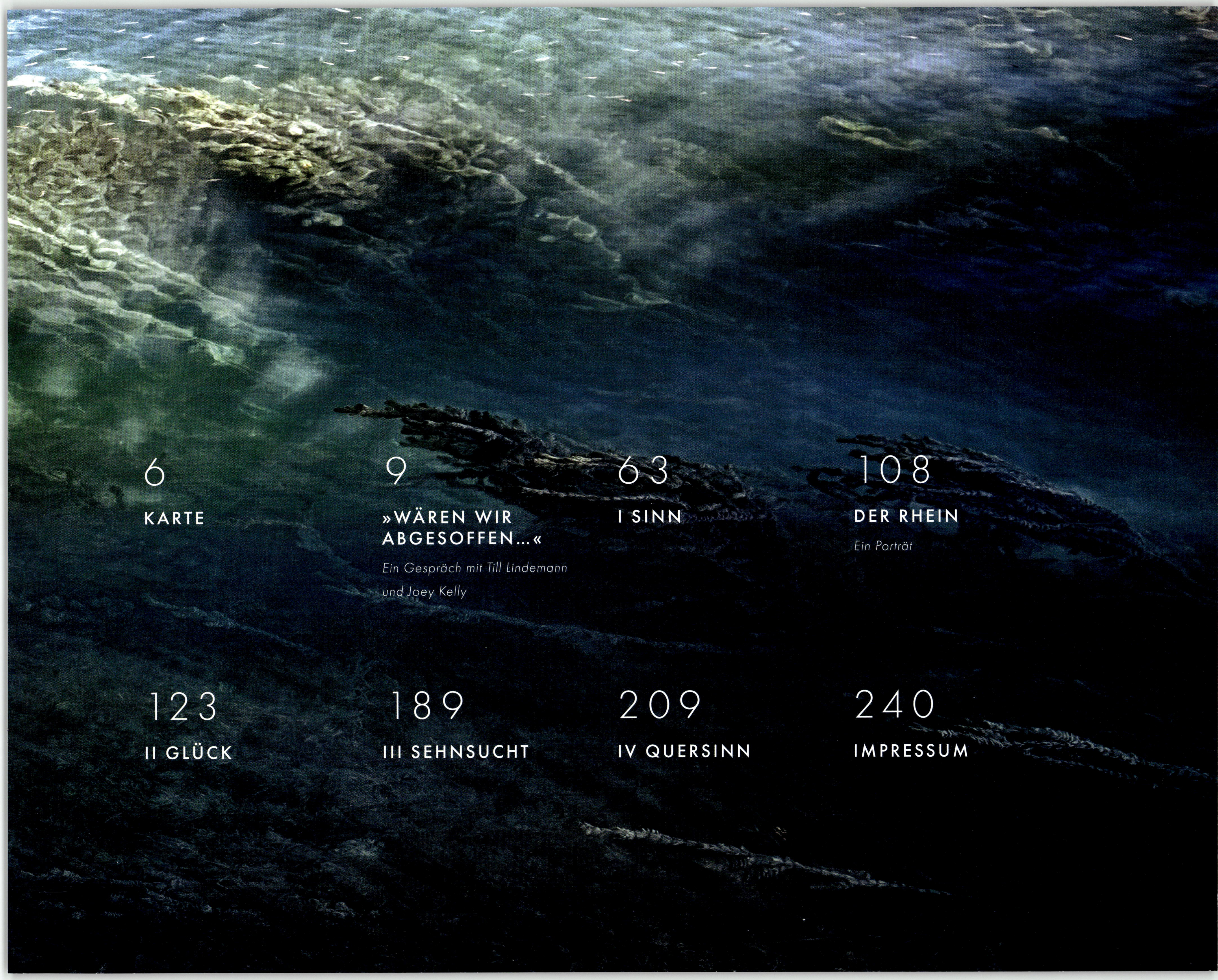

FRANKREICH
SCHWEIZ
ITALIEN
LUXEMBURG
DEUTSCHLAND
Dijon
Besançon
Verdun
Nancy
Metz
Luxemburg
Trier
Saarbrücken
Mülhausen
Kolmar
Basel
Bern
Freiburg
Straßburg
Karlsruhe
Speyer
Ludwigshafen
Worms
Mainz
Bingen
Koblenz
Mannheim
Frankfur
Stuttgart
Zürich
Schaffhausen
Ilanz
Konstanz
St. Gallen
Chur
Vaduz
Lindau
Seine
Marne
Aisne
Saône
Doubs
Mosel
Saar
Rhône
Aare
Rhein
Lauter
Donau
Neckar
Main
Vorderrhein
Bodensee
0 10 20 30 40 50 km

Brüssel
Antwerpen
Rotterdam
Den Haag
BELGIEN
Amsterdam
Utrecht
Lüttich
Maastricht
NIEDERLANDE
Nimwegen
Arnheim
Maas
IJssel
Xanten
Duisburg
Vechte
Nordsee
Köln
Düssel-
dorf
Essen
Bonn
Rhein
Dortmund
Ems
Sieg
Münster
Osnabrück
Ruhr
Lippe
Oldenburg
Lahn
DEUTSCHLAND
Weser
Bremen
DÄNEMARK
Kassel
Weser
Aller
Elbe
Schleswig
Hannover
W
N
O
S

»WÄREN WIR ABGESOFFEN, HÄTTE IRGENDWER SPÄTER DIE FOTOS GEFUNDEN«

JOEY KELLY UND TILL LINDEMANN ÜBER IHRE KANUREISE AUF DEM RHEIN
EIN GESPRÄCH

Ob sie ein weiteres Mal in wilde Gewässer aufbrechen würden, das war nicht wirklich die Frage. Till Lindemann (Sänger, Dichter und leidenschaftlicher Performer) und Joey Kelly (Musiker, Unternehmer und ebenso leidenschaftlicher Extremsportler) haben als Freunde und Duo im Kanu oder Kajak bereits die großen Flüsse Yukon und Amazonas gemeinsam bezwungen. Dass sie bei nächster Gelegenheit wieder losziehen würden, stand praktisch fest.

Zur Debatte stand höchstens, wohin die dritte Reise gehen sollte. Und auf den allerersten Blick überrascht die Antwort. Das Ziel, das sie auswählten, wirkt ein bisschen zu wenig aufregend, riskant und waghalsig. Aber wer etwas genauer hinschaut, wird schnell erkennen, wie viel Potenzial und Strahlkraft der Rhein hat, wenn man ihn in der Reihe der Lindemann-Kelly-Paddeltouren betrachtet.

Der Rhein, über 1200 Kilometer lang, mit Quelle im Schweizer Kanton Graubünden und Mündung im Rhein-Maas-Delta bei Rotterdam, liegt für die zwei Helden zwar in weitaus näherer Nachbarschaft als die Ströme Nord- und Südamerikas. Allerdings trägt er als polyglotter Grenzlandfluss, als Heimat großer Mythen und Märchen und roter Faden durch die verschiedensten Kulturgegenden mindestens so viel Bedeutung und Geheimnisse in sich wie die exotischeren Ziele.

Ein weiterer, unmittelbar praktischer Grund, warum Joey Kelly und Till Lindemann im August 2020 gut zwei Wochen lang im Kanu dem Lauf des Rheins folgten: Es war die Zeit der ersten großen Covid-Lockdowns und internationalen Reisebeschränkungen. Also genau die richtige Phase, um Orte zu erkunden, die einem vorher vielleicht nicht herausfordernd genug erschienen. Und um sich dann vor Ort eines Besseren belehren zu lassen, mitten im Fluss der Ereignisse.

In Konstanz am Bodensee begann die Fahrt, am Ende ging sie bis zum Hafen von Rotterdam. Die großen Momente dazwischen, das Turbulente und Malerische, die Überwältigungen und Anstrengungen, das Poetische und Rätselhafte, Lustige und Gefährliche, all das kann man auf den Fotos in diesem Band mit ihnen erleben. Die Hintergrundgeschichte zu ihrer Rheintour erzählen Till Lindemann und Joey Kelly im Interview, das im Mai 2023 im Rammstein-Hauptquartier in Berlin geführt wurde.

Till Lindemann, spontan zum Einstieg: Wenn Sie an Ihre Kanufahrt durch den Rhein zurückdenken – welches Ereignis kommt Ihnen als Erstes in den Sinn?

Till Lindemann: Der Tag, an dem uns ein Freund mit seinem Boot auf die andere Seite des Flusses übersetzen wollte. Es war gegen Ende der Reise, als wir uns schon in einer Passage des Rheins befanden, die dicht von Schiffen befahren wird. Wir saßen im Hafenbecken, es herrschte relativ viel Verkehr. Und um zu verhindern, dass Joey und ich dort ins Gemetzel geraten, hatte der Freund sich bereit erklärt, unser Kanu aufs Dach seines Bootes zu schnallen und uns auf die andere Seite zu fahren. Das klappte zunächst ganz wunderbar. Bis dann das Malheur passierte.

Welches Malheur denn?

Till Lindemann: Mitten in der Fahrrinne ging ihm das Benzin aus. Plötzlich waren wir so richtig in der Bredouille. Wir saßen in der Mitte des Flusses, konnten uns nicht mehr weiterbewegen und von überall her kamen die Schiffe. Diese riesigen Pötte können zwar ausweichen, wenn die Situation es erlaubt, aber einfach bremsen, das können sie nicht. Wenn man ihnen ungeschickt in die Quere kommt, nehmen sie einen im schlimmsten Fall einfach mit.

Und was haben Sie gemacht?

Joey Kelly: Zunächst versuchten wir, uns bei den Schiffen bemerkbar zu machen und das Boot per Paddel weiterzubewegen. Aber die Strömung war zu stark, wir schafften es nicht. Immerhin hatte der Kapitän einen Ersatzkanister an Bord, aber es dauerte einige Zeit, das Benzin einzufüllen und das Boot erneut startklar zu machen. Ein bisschen Panik bekamen wir schon, bis der Motor wieder ansprang und wir aus der Gefahrenzone fahren konnten.

Till Lindemann: Ich hatte noch zu unserem Fotografen Thomas Stachelhaus gesagt: ›Egal was passiert, halte drauf!‹ Wären wir abgesoffen, hätte später wenigstens irgendwer die Kassette mit den Bildern gefunden. Und die Menschheit hätte nachträglich erfahren, wie wir gestorben sind. (lacht)

Joey Kelly, was ist Ihre erste spontane Erinnerung? Eine angenehmere?

Joey Kelly: Ja, zum Glück. Ich muss an einen eher stillen Moment denken. Wenn man dem Rhein folgt, fährt man ja durch verschiedene Länder hindurch: Deutschland, Schweiz, Frankreich, Niederlande. An einem Nachmittag machten wir Rast auf der französischen Seite. Es war eine schöne, leicht unwirkliche Erfahrung, die Menschen plötzlich in einer anderen Sprache reden zu hören. Es gab anderes Essen, und dann sahen wir diese Gruppe von Senioren, die in der Sonne seelenruhig Pétanque spielten, dieses Boule-ähnliche Kugelspiel. Till und ich saßen einfach da und schauten ihnen zu. Die Zeit stand still. Und ich musste daran denken, dass nur wenige Meter weiter auf der anderen Seite des Flusses die Leute dieses Spiel noch nicht einmal kennen.

Wobei der Rhein im Vergleich zu Ihren vorherigen zwei Kanutouren eine insgesamt vertrautere Strecke war.

Joey Kelly: Die Entscheidung für den Rhein hatte mit Corona zu tun. Unsere ursprünglichen Pläne waren, den Jenissei oder die Wolga zu befahren. Aber als im Frühjahr 2020 weltweit die Covid-Pandemie ausbrach, war es mit diesem Vorhaben natürlich erst mal vorbei. Andererseits hatten wir plötzlich auch ungewöhnlich viel Zeit zur Verfügung, da viele Veranstaltungen abgesagt wurden. Wir brauchten ein Ziel, das wir trotz aller Reisebeschränkungen gut erreichen konnten.

Till Lindemann: Ich erinnere mich an den Tag, an dem wir uns auf die Idee einigten. Es muss im April oder Mai gewesen sein, du warst bei mir zu Besuch. Die Sonne schien, wir saßen auf meiner Terrasse. Und am Ende beschlossen wir: ›Lass uns den Rhein machen.‹ Das war eine ziemlich spontane Sache.
Joey Kelly: Im ersten Moment meintest du noch, das könnte eine etwas langweilige Tour werden. Und ich erklärte dir, wie sehr du dich täuschst. Der Rhein ist, wenn man unten am Bodensee einsteigt und dann Richtung Rotterdam fährt, ein extrem abwechslungsreicher Fluss. Ich wohne schließlich in der Nähe von Köln, ich kannte mich da schon etwas besser aus.
Till Lindemann: Und du hast völlig recht behalten. Der Rhein ist wunderschön, von der Landschaft gleich zu Beginn über die Weinberge bis zu den vielen Burgen, an denen man vorbeikommt. Nur die industrielleren Abschnitte, in denen der Fluss zum Kanal wird, sind vielleicht nicht ganz so attraktiv. Wobei selbst diese Szenerie auf mich eine gewisse Faszination ausübte.

Ihre ersten Erfahrungen als Paddler auf dem Rhein hatten Sie bereits 2017 gemacht, drei Jahre vorher.

Till Lindemann: Bevor wir zu unserer ersten Tour auf dem Yukon aufbrachen, hatten Joey und ich einige Tage lang auf dem Rhein trainiert. Wir hatten damals zwar beide schon Kanu-Erfahrung, aber nur von Seen oder Wasserwanderungen durch kleinere Flüsse, in Mecklenburg zum Beispiel. Wir wollten einmal gemeinsam eine größere Flussfahrt probieren, bevor wir auf Expedition gingen.
Joey Kelly: Dagmar Stupp, eine Freundin von mir, die unter anderem Weltmeisterin im Wildwasser-Kanu war, hatte sich bereit erklärt, uns ein paar Tricks zu zeigen. Gregor Simon, der aktuelle Bundestrainer, war auch mit dabei, außerdem der Trainer und Freund Willy Dietzler. Also Topleute und Topequipment. Was sie uns in der kurzen Zeit beibrachten, erwies sich am Ende als überlebenswichtig.
Till Lindemann: Ich zum Beispiel hatte vorher keine Ahnung gehabt, wie wahnsinnig hoch die Bugwellen von Flussschiffen werden können. Wenn man im entgegenkommenden Kanu nicht rechtzeitig gegenlenkt, fällt man einfach um. Man muss ständig steuern, eindrehen, wieder zur anderen Seite, hin und her. Das haben die Freunde uns damals beigebracht. Das Beste war, dass es sogar Spaß gemacht hat.

Waren die 2017 erlernten Skills bei der großen Tour von 2020 noch präsent?

Till Lindemann: Klar doch, so etwas kommt sofort zurück. Und die frühen Etappen waren ja auch eher bedächtig. Wir starteten am Bodensee, schleppten morgens um vier an der Rheinkilometermarke Null das Kanu die Treppe herunter und ließen es zu Wasser. In der Gegend fließt der Rhein zwar auch schon stark und beständig, aber im Vergleich zu den Strömungen und Strudeln gegen Ende ist er hier flach und ruhig. Er wird erst später zum Monster.
Joey Kelly: Wenn man in Konstanz loslegt, hat man ungefähr bis Basel eine relativ angenehme Fahrt. Man begegnet keinen größeren Schiffen, die Strömung ist gut zu bewältigen. Wir hatten 70 bis 80 Kilometer, in denen wir uns eingrooven konnten. Ab Basel wurde es dann langsam immer heftiger. Spätestens im Ruhrgebiet, wenn die Stahlindustrie das Bild prägt, begegnet man dann bis zu drei oder vier Schiffen pro Minute.

Kann man denn einfach so im Kanu den Rhein befahren? Braucht man keine Genehmigung dafür?

Till Lindemann: Wir sind jedenfalls nie in Konflikt mit der Wasserpolizei geraten – mit einer Ausnahme, aber dazu später. Der Rhein wird ja an manchen Stellen von Zivilisten richtiggehend als Verkehrsmittel genutzt. Rund um Basel pflegen viele Menschen den Brauch, sich morgens vom Wasser zur Arbeit treiben zu lassen. Man sieht in den wärmeren Jahreszeiten die Geschäftsleute, die sich am Ufer entkleiden, ihre Sachen in wasserdichte Rucksäcke packen und in der Badehose in den Fluss steigen. Sie lassen sich zwei, drei Kilometer treiben, gehen dann wieder an Land und ins Büro. Und fahren abends mit dem Zug zurück nach Hause.

Joey Kelly: Dort findet man im Fluss auch regelmäßig Bojen und aufgespannte Seile, mit denen man sich an Land hangeln kann. Eines davon wurde uns fast zum Verhängnis. Wir waren in eine Strömung geraten und wollten uns mit dem Kanu an einem der Seile zurück in Ufernähe ziehen. Leider habe ich es im entscheidenden Moment zu lange festgehalten. Das Kanu stellte sich quer, die Strömung traf uns voll, und wir kenterten. Es war das einzige Mal, dass uns das passierte. Zum Glück ging alles gut aus.

Das heißt: Selbst im Vergleich zu Ihren Amerika-Abenteuern war der Rhein durchaus eine Herausforderung?

Till Lindemann: Jeder Fluss hat seine ganz eigenen Spezialitäten, Geheimnisse und Herausforderungen. Rund um den Yukon erlebten wir große Einsamkeit, am Amazonas teilweise auch. Das Paddeln ist dort wegen der langsamen Strömung weniger fordernd, dafür ist die Natur wahnsinnig schön: die Landschaft, die Pflanzen und Tiere. Zusätzlich gibt es dort all die Begleitgeschichten über Drogenschmuggel, Überfischung oder die Abholzung des Regenwaldes. Der Rhein wiederum – und das hatte ich nicht erwartet – war zum Kanufahren ein extrem gefährliches Terrain.

Joey Kelly: Wir waren jeden Tag sieben bis zehn Stunden im Wasser. Und man ist wirklich von morgens bis abends nur am Paddeln, muss fast ohne Pause gegen die Strömung und die Wellen ankämpfen. Das war viel anstrengender als die Fahrt auf dem Amazonas, der ohnehin seinen jährlichen Tiefststand hatte, als wir dort waren. Der Yukon kann unruhiger sein, aber längst nicht so wie der Rhein.

Till Lindemann: In den anderen zwei Flüssen gibt es keine großen Schiffe. Im Amazonas kommt ab und zu vielleicht ein kleiner Bananendampfer vorbei, in dem vermutlich auch das Koks versteckt ist, aber in solchen Fällen kann man gut ausweichen. Wenn man im Rhein jedoch etwas zu nachlässig ist, in die Mitte gerät oder falsch lenkt, kann das sehr gefährlich werden. Hat man dann Pech und fällt ins Wasser, hat man praktisch keine Chance mehr.

Konnten Sie die Schönheiten trotzdem genießen?

Joey Kelly: Natürlich. Ich kannte den Fluss und die Landschaft ja vorher schon gut, aber für mich war das im Vergleich zum Yukon und Amazonas trotzdem die mit Abstand schönste Tour. Der Survival-Aspekt spielte dieses Mal keine Rolle, da wir ja immer nah an der Zivilisation blieben. Aber die Vielfältigkeit des Rheins übertrifft alles, was wir von den anderen Flüssen kannten. Man erlebt hier die verschiedenen Gesichter Europas, von der harmlosen Idylle bis zu den Bildern von Industrie und Kapitalismus, während der Fluss gleichzeitig immer breiter und wilder wird.

Till Lindemann: Ich war ernsthaft überrascht über die ganze Schönheit, die uns begegnete: die Algenwälder und Wassergräser, die wir zu Beginn in den ruhigen, flacheren Passagen sahen, die Saiblinge, Lachse und Forellen im unglaublich klaren Wasser. Später, wie schon erwähnt, die Weinberge, die Burgen und die Loreley, dann der Industrial-Charme der alten Anlagen. Man kommt an verlassenen, verrotteten Hafengebäuden vorbei, an Lagerhallen und stillgelegten Kränen. Die Bedeutung, die der Rhein früher als Transportweg hatte, ist mit den Jahrzehnten erodiert.

Rettungsring
Greenbase

Eine Flucht aus dem deutschen Alltag war diese Reise also nicht.

Till Lindemann: Nein, aber das war im Voraus klar. Im Yukon oder in Seitenarmen des Amazonas haben wir teilweise drei, vier Tage oder länger keine Menschenseele gesehen. Hier war das natürlich anders, aber auch das hatte seinen Reiz. In der Schweiz gibt es am Fluss immer wieder diese schönen Häuser mit Blumenkästen und großen, gemütlichen Terrassen, die ins Wasser hineinreichen. Es gibt hervorragendes Essen und beste Gastfreundschaft.

Joey Kelly: Man darf aber nicht vergessen, dass wir in der Covid-Zeit unterwegs waren. Auch auf dem Rhein und rundherum war längst nicht so viel los, wie es sonst im Sommer gewesen wäre. Wir trafen auch an Land eher wenige Menschen. Und wenn man jemandem begegnete, hielt man Abstand und trug nach Möglichkeit Maske.

Sie beide hocken bei einer solchen Tour den ganzen Tag zusammen. Man kann im Kanu nicht voreinander fliehen. Gibt es manchmal Streit?

Joey Kelly: Wir haben uns bei diesen Reisen noch kein einziges Mal gestritten. Was vielleicht auch damit zu tun hat, dass wir tagsüber ohnehin wenig miteinander sprechen. Das geht beim Paddeln gar nicht. Ich sitze vorne und schaue in die eine Richtung, Till ist drei Meter hinter mir und schaut in die andere. Er steuert, gibt Anweisungen. Wie sollen wir uns da unterhalten?

Till Lindemann: Ab und zu fahren wir mal kurz an die Seite, lassen uns treiben und quatschen ein bisschen. Aber das sind Ausnahmen. Wenn wir dann abends zusammensitzen, beim Essen oder am Lagerfeuer, gehen wir häufig den zurückliegenden Tag noch einmal durch. ›War das nicht toll? Hast du das gesehen?‹, und so weiter. Dann holen wir alles nach.

Joey Kelly: Die interne Aufgabenverteilung im Zweierteam hat sich schon am Anfang ergeben, wie von allein. Ich sitze vorn und paddle, Till sitzt hinten und lenkt. Es ist auch von der Verteilung des Körpergewichts her so am günstigsten.

Till Lindemann: Und Joey paddelt nun mal wie der sprichwörtliche Duracell-Hase.

Auf einigen Fotos sieht man Sie am Rheinfall bei Schaffhausen. Wie sind Sie dort mit dem Kanu durchgekommen?

Till Lindemann: Wir sind relativ dicht an den Rheinfall herangefahren. Joey wollte noch näher heran, aber zum Glück konnte ich ihn davon abhalten. Durchqueren könnte man ihn freilich höchstens in einer Tonne. Wir mussten das Kanu an Land bringen, mit dem Trailer auf die andere Seite fahren und es dort wieder ins Wasser setzen.

Der dramatische Höhepunkt der Tour wurde die letzte Etappe: die Einfahrt in Rotterdam.

Till Lindemann: Absolut. Wir hatten es schon bis an die Rheinmündung geschafft und wollten den Sonnenuntergang draußen in der Nordsee genießen. Aber in Rotterdam herrschte wirklich ein unglaublicher Schiffsverkehr. Da kam ein Ding nach dem anderen, teilweise von zwei Seiten gleichzeitig. Und zwar nicht etwa diese mittleren Flusstransporter, die wir vorher gesehen hatten, sondern richtig große Containerschiffe. Wir befanden uns praktisch im Dauerbeschuss durch die Wake-Wellen, es ging hin und her, wir mussten ständig einlenken, es war extrem ermüdend. Eine runde Dreiviertelstunde paddelten wir praktisch auf der Stelle.

Joey Kelly: Es gibt da ja auch Verständigungsprobleme. Wenn der Kapitän eines hundert Meter langen Dampfers vorn in der Kabine steht, sieht er uns zwar, aber er versteht nicht, was mit uns los ist und wohin wir wollen. Das kann wirklich gefährlich werden.

Till Lindemann: Deshalb waren wir heilfroh, als plötzlich ein Polizeiboot auftauchte. Die Beamten zwangen uns zwar zur Umkehr und somit zur Aufgabe, denn wir hatten unser eigentliches Wunschziel noch nicht ganz erreicht. Aber man könnte auch sagen: Sie haben uns gerettet. Ich hatte noch die Hoffnung, sie würden das Kanu huckepack nehmen, aber das durften sie nicht. Als wir endlich sicher an Land waren, hat das Abendessen besonders gut geschmeckt.

Und wann kommt Ihr nächstes Abenteuer? Gibt es schon Ideen?
Till Lindemann: Wir müssen uns erst auf einen Fluss einigen. Jenissei und Wolga fallen aus politischen Gründen ja erst einmal aus. Wir hatten vor Jahren den Nil ins Visier genommen, aber dort sind in letzter Zeit häufig Paddler von Krokodilen gefressen worden, das Risiko gehen wir nicht ein. Asien wäre eine gute Idee, vielleicht der Mekong. Aber da bleibt die Frage, an welcher Stelle man startet.

Joey Kelly: Wenn Till einmal richtig viel Zeit am Stück hat, könnten wir auch den Sambesi befahren, so weit wie möglich an die berühmten Victoria Falls heran. Hier müsste man die möglichen Gefahren genau recherchieren. Aber es könnte eine grandiose Tour werden.

Geht von einer solchen Kanutour am Ende auch künstlerische Inspiration aus?
Till Lindemann: Das kann ich nicht sagen. Erinnerungen wie diese werden ja längerfristig gespeichert. Vielleicht kommen sie irgendwann beim Schreiben raus. So simpel funktioniert das ja auch nicht mit der Inspiration.

Könnte es einen Rammstein-Song über die Loreley geben?
Till Lindemann: Nein, sicher nicht. Die ist wirklich schon ausreichend besungen und bedudelt worden. Da gibt es auf jeden Fall viel bessere Themen.

ICH WILL F* * *

Halt
Das hab nicht ich gesagt
Der Schelm in mir
Ganz ungefragt
Gibt hier seinen Sinn zum Besten
Die Nerven braver Bürger testen

Solch Zeilen sind nun Traum
Wagt man kaum noch auszusprechen
Mensch und Zeit
Schreien nun
Verbrechen

Hab ich das alles nur geträumt?
Das Verlangen aufgezäumt
Wie einen sturen alten Gaul
Hat sich noch einmal aufgebäumt
Ein letztes Mal

Nun
Lässt so brav sich reiten
Von der Moral
Im Trab nur schreiten

0
Rheinkilometer

KAPITÄN

Wo ist der Kapitän
Ich kann ihn nirgends
Gar nicht sehen
Niemand ist zu sehen
Und die Füße nass

ES GEHT MIR GUT

Es geht mir gut
So richtig gut
Sonne brennt mir auf den Hut

RESTUBE
GATZ ROYAL

Gottlieben

WIR ZWEI

Ich bin ich
Und das bist du
Das Schicksal schaut uns schweigend zu
Ich bin gut so
So gut zu dir
Und wenn ich rede
Hörst du zu

ZUR SEE

Seemann lässt die Frauen
Die Frauen zu Haus
Seemann fährt alleine
Alleine hinaus

ZIEH

Zieh dran
Lass dich nicht leiten von Gefühlen
Komm ganz nah
Komm her
Komm näher
Und zieh dran

Hotel Restaurant Rheinfels
P

FÜR CONRAD FERDINAND MEYER

Zitternd las ich das Gedicht
Der Dichter ist tot
Laut ruf ich seinen Namen
Und hatte Brunnen im Gesicht

Ach, hätte Muse mir verraten
Wie man solche Worte fängt
Ich wär gereist durch alle Himmel
Und hätte Sonnen aufgehängt

20

MOMENT UM

Sind die Tage bang und trist
Dich nur angeschaut
Ein Speer
Ins Übel
Dein Gesicht
Ich lebe wieder
Fasse nicht
Einfach nicht, wie schön du bist

RESTUBE

GATZ ROYAL

65

TIEFE WASSER SIND NICHT STILL

I · SINN

SINN

Ihr Leute schaut her
Mein Leben scheint schwer

KURZES LEBEN

So kurz das Leben
Die Sonne soll es ewig geben
Es kommt hin und es kommt her
Dann kommst du
Kommt nicht viel mehr

RESTUBE

IMMER WIEDER

Und wieder bin ich da
Und wieder bin ich weg
Wieder geht's mir gut
Diene ich nur einem Zweck

Dinge nehmen ihren Lauf
Und wieder geht's mir schlecht
Wieder geht die Sonne auf
Hätte gern gewusst
Wann ist all das vorbei
Wild schlägt das Herz in meiner Brust

Rettungsring

FOTO

Hab dich lange angeschaut
Halte fest den Blick
Sperr ihn hinter meine Haut

ALLE TIERE WANDERN

Alle Tiere wandern
Und manchmal in den Mund
Die Pflanzen stehen freundlich
Geerdet tief im Grund
Ja, Gemüse ist gesund

Alle Tiere wandern
Wir essen Hirsch und Kuh
Und fangen an zu singen
Doch keiner hört uns zu

Alle Tiere wandern
Alle, Groß und Klein
Spazieren in den Mund hinein
Dann muss man sie gut kauen
Damit sie nicht abhauen

Alle Tiere wandern
Das soll so sein, das muss so sein
Da braucht man gar nicht traurig sein
Doch alle Pflanzen bleiben stehen
Sind dafür nicht vorgesehen

Alle Tiere wandern
Da kann man sagen, was man will
Da tönen und brillieren sie
Menschen singen Pflanzen still

Alle Tiere wandern
Das darfst du nicht, das muss doch nicht
Mit Harfen und mit Flöten
Nein, du sollst nicht töten

Die Menschen essen Kälbchen
Der Löwe frisst das Gnu
Und alle singen weiter
Doch keiner hört hier zu

IMMER WENN ICH WEG BIN

Hab dich nicht vermisst
Freu ich mich aber
Wenn einer da ist
Zwischen den Möbeln

Wenn du wieder weg bist
Freu ich mich auch
Hab dich nie vermisst

Brasserie
RELAIS DU RHIN
Restaurant
BLACK

STR001196F
DRUSUS
ENI 01841131

DER RHEIN

EIN PORTRÄT

Es sind unterschiedlich wilde Assoziationen, die man bekommt, wenn man Menschen spontan nach dem Rhein und seinem Kulturraum befragt. Die einen denken als Allererstes an den Karneval, an sogenannte Frohnaturen, an Kölschglas-Karusselle und sonnige Nachmittage auf der Domplatte. Die nächsten erzählen einem genau vom Gegenteil, von der Dunkelheit, der Geheimnistuerei und dem mystischen Nebel. Von nassen Gräbern und Schilfgeistern, von den Nibelungen, von Richard Wagner und den schönen, aber umso gefährlicheren Wassernixen, denen man besser nicht zu tief in die Augen schauen sollte.

Wieder andere denken beim Stichwort Rhein gleich an die Industrie, an Schiffe und Kräne und den Stahl. An die Malocher und regionalen Originale, die sich nach der Schicht zu Bier, Fußball und spontaner Gesellschaftsanalyse treffen. Vielleicht sogar an Kommissar Schimanski, der als Duisburger Ikone ja ähnlich große Anteile am Ruhrpott wie an den besagten Rheinlandschaften hat.

Dass der Fluss diverse Arme hat, also rein geografisch gesehen, das ist ohnehin klar. Aber es gibt eben auch ein narratives Pendant dazu. Der Rhein ist in seiner Gesamtheit ein elegantes, rund 1233 Kilometer langes Gebinde aus Geschichten und Historie, aus neuen Ideen und älteren Meilensteinen, Träumen und Errungenschaften, aus Fließen, Tauchen und Erinnern. Er wurde Zeuge von Kriegen und Auseinandersetzungen, wurde zur Grenze, zum Bollwerk und zur Trennlinie zwischen Völkern und Nationen.

In der Gegenwart ist er auch zum Symbol für die europäische Einigung geworden, für Völkerfreundschaft und die Zusammenarbeit der Staaten über politische Grenzen hinweg. Der Rhein gilt als Rückgrat der Wirtschaft, als Lebensader, die Millionen von Menschen ihre essenzielle Lebensgrundlage bietet. Wie kein anderer Fluss in Europa ist er felsenfest verbunden mit den jahrhundertealten Schicksalen von Industrie, Geschichte und Kultur. Und so auch: mit ihrer Zukunft. Nach der Donau und vor der Elbe ist der Rhein der zweitlängste Fluss des deutschen Sprachraums. Und bekanntlich hat Deutschland, mit Blick auf die gesamte Strecke, auch den größten Anteil an ihm. Fast 696 Kilometer des Rheins fließen durchs Bundesgebiet, 182 davon teilt man sich am anderen Ufer mit Frankreich. Immerhin 376 Kilometer gehören zur Schweiz, 161 zu den Niederlanden, und insgesamt können mehr als 880 Kilometer mit Großschiffen befahren werden.

Diese – im Lauf der Jahrhunderte natürlich nach und nach weiter optimierten – Bedingungen haben den Rhein zu einer der verkehrsreichsten Binnenwasserstraßen der Welt gemacht. Allein im Raum Köln/Bonn fahren laut der Zentralkommission für die Rheinschifffahrt im Schnitt 400 Schiffe pro Tag. Der verkehrsgeeignete Teil des Flusses hat eine Tragfähigkeit von zehn Millionen Tonnen. Im Kontext des alten, lapidaren Spruches »Wasser hat keine Balken« betrachtet, beeindruckt diese Menge enorm.

Aber der Fluss ist nicht nur ein sozioökonomisches Schwergewicht, sondern in erster Linie ein schützenswertes Naturkunstwerk. Sein weitverzweigtes Quellgebiet lässt sich zum größten Teil im Schweizer Kanton Graubünden verorten, zwischen dem Tomasee bei Sedrun im Gotthardmassiv und dem Flüelapass im Osten. Den Namen Rhein trägt er uneingeschränkt ab dem Punkt, an dem Vorder- und Hinterrhein in einem Bett zusammenfließen, in der Nähe des Schweizer Örtchens Reichenau.

Dort startet dann auch die traditionelle Unterteilung des Flusses in seine fünf Hauptabschnitte, deren Spezifika ja gern bemüht werden, um den Charakter verschiedener Landstriche und ihrer Menschen zu skizzieren: den Alpenrhein (bis zum Bodensee), Hochrhein (bis Basel, siehe S. 84 bis 88), Oberrhein (bis Bingen), Mittelrhein (bis zur Sieg bei Bonn) und zum Finale den Niederrhein, der vollständig in Nordrhein-Westfalen liegt und mit seinen stark besiedelten und industrialisierten Uferstädten für viele ikonische Ansichten sorgt (siehe u. a. S. 197 bis 202, 226/227). Prominente Nebenflüsse wie Main und Mosel, Neckar, Aare und Maas münden im Lauf des langen Wegs in den Hauptstrom ein und bringen dabei ihre ureigenen Geschichten mit.

Das Geheimnis, das hinter dem Namen des Wassergiganten steckt, ist im Vergleich zu solchen komplexen Netzwerken relativ simpel. Das Wort »Rhein« geht wohl auf eine indogermanische Wortwurzel zurück, die nichts anderes bedeutet als – »fließen«. Man kann es unter anderem vermuten, weil man in der deutschen Umgangssprache eben auch »rinnen« dazu sagen kann, im Englischen »to run«, ein paar etymologische Verwandtschaften, die auch den Nichtwissenschaftlern auffallen. Von den Kelten wurde der stolze Fluss Rhenos genannt, die Römer sagten Rhenus. Wem genau wann und warum die erste Idee für den Namen einfiel, das lässt sich leider nicht zweifelsfrei klären.

In der Antike hatte der Rhein sogar zeitweise seinen eigenen Gott. Rhenus, der passgenau agierende überirdische Flussherrscher, wird in Überlieferungen als Vater aller Nymphen und Gewässer bezeichnet, trägt Hörner und ähnelt auch sonst einem menschlichen Stier. »Rhenus Pater« heißt er in manchen Inschriften, also Vater Rhein. Den Titel wiederum gibt ihm manchmal auch heute noch die wein- und bierselige Feiergemeinde.

Den dramatischsten, spektakulärsten Punkt erreicht der Verlauf unterhalb von Schaffhausen in der Schweiz: am Rheinfall, dem Wasserfall, der mit 23 Metern Höhe und 150 Metern Breite einer der größten und wasserreichsten in Europa ist, mit einer mittleren Wasserführung

DER TOD

Der Tod ist ein König
Mächtig und allmächtig
Das Grimmen in ihm trächtig
Wirft bald die Jungen in die Zeit
Mein Herz in Schrecken stehen bleibt
Niemand weiß, wann das begann
Das Pendel gibt die Richtung an

Lufthansa
TECHNIK
MUSEUM
SPEYER

von 370 Kubikmetern pro Sekunde sogar der zweitgrößte hinter dem Dettifoss auf Island, wenn man die Fallenergie als Kriterium nimmt (siehe Titelbild dieses Bandes und S. 9 bis 17). Die Kraft, die sich hier und an anderen Orten des Stroms entlädt, kann man nutzbar machen. Zwar ist die Donau mit 2857 Kilometern mehr als doppelt so lang, aber kein anderer Fluss befördert in Deutschland pro Sekunde so viele Kubikmeter Wasser wie der Rhein: im Durchschnitt 2330. Wasserkraftwerke am Rhein versorgen Millionen von Menschen mit Strom. Darüber hinaus fungiert er als Wasserlieferant für Landwirtschaft, Industrie und Haushalte.

Um die Reinheit des Wassers war es logischerweise nicht immer so gut bestellt. Unvergessen bleibt eine skurrile Anekdote, die sich im September 1988 ereignete: Nachdem er eine Wette verloren hatte, ging der damalige CDU-Bundesumweltminister Klaus Töpfer im Rhein schwimmen, allen Warnungen des Gesundheitsamts zuwider. Er wollte offiziell beweisen, dass selbst in der Nähe des Atomkraftwerks Biblis, das dort sein Kühlwasser in den Fluss abließ, das Wasser sauber genug zum Baden sei. Es muss ein ekelhaftes Abenteuer für Töpfer gewesen sein, aber der Beweis gelang ihm in der Tat. Inzwischen hat sich die Wasserqualität so weit verbessert, dass an manchen Orten sogar Trinkwasser direkt aus dem Strom entnommen werden kann und sich auch die Fischbestände im Lauf der Jahrzehnte erholt haben.

Das Einzugsgebiet des Rheins hat Anteil an neun Staaten. Von der Schweiz bis zu den Niederlanden leben darin heute rund 60 Millionen Menschen. Und spätestens seit der Römerzeit blühte hier der Handel. Da Deutschland damals alles andere als eine einheitliche Nation war, sondern in Hunderte kleiner Reiche zersplittert war, die teilweise nur aus ein paar Dörfern bestanden, betrachteten die Herrschenden den Rhein oft noch unter ganz anderen Aspekten. Es entwickelte sich eine Kultur des legalen oder illegalen Raubrittertums, in dessen Rahmen die Reisenden und Handelnden auf dem Fluss besteuert und ausgeplündert wurden.

Die Stadt Köln erlangte unter anderem dank des sogenannten Stapelrechts den Status einer europäischen Metropole: 600 Jahre lang waren alle Schiffsführer auf dem Rhein dazu verpflichtet, ihre Waren in der Domstadt zum Verkauf anzubieten, bevor sie weiterfahren durften. Die freie Schifffahrt ist dort erst seit 1868 möglich. Damals wurde die historische Mannheimer Akte unterzeichnet, verbunden mit der Verpflichtung der Anrainerstaaten, den Fluss zu unterhalten. Die Vereinbarung, die von Baden, Bayern, Hessen, Frankreich und den Niederlanden unterschrieben wurde, ist bis heute gültig und noch immer die Grundlage für den freien Handelsmarkt auf dem Rhein. Von Basel über Ludwigshafen nach Mainz, weiter über Koblenz und Köln bis hinauf nach Rotterdam verbindet er die Wirtschaftsstandorte, die ihn wie eine kostbare ökonomische Perlenkette schmücken.

Noch in der Mitte des 19. Jahrhunderts bedrohten Hochwasser die Anwohnenden und Betriebe entlang des Flusses. Inseln entstanden und verschwanden wieder, Siedlungen wurden gebaut und zerstört. Das sich ständig verändernde Flussbett führte am Ende auch zu Streitigkeiten über Landeigentum. Der badische Ingenieur Johann Gottfried Tulla fand eine Lösung, die Hochwasserschutz und Landansprüche miteinander harmonisierte: die Begradigung des Rheins, 1876 vollendet.

Zu Beginn des 20. Jahrhunderts wurde seine Arbeit dann weiter vorangetrieben, indem der Fluss verengt und die Erosionskraft des

Wassers genutzt wurde, um die Fahrrinne zu vertiefen. So konnten große Schiffe den Fluss endlich bis nach Straßburg befahren. Immer mehr Menschen – und mit ihnen der Handel und die Industrie – siedelten sich infolge dieser Neuerungen entlang des Rheinlaufs an. Durch den Warenverkehr wurde der Strom so auch zum gewaltigen Katalysator für Wachstum, Wohlstand und Gesellschaftsbildung. Die Städte, die entlang des Flusslaufs entstanden, wurden zu Zentren von Handel und Industrie. Die Häfen erlangten schnell den Status als Drehkreuze für die Schifffahrt, verbanden damit nicht nur die Regionen Europas miteinander, sondern effektiv die der ganzen Welt.

Die Rheinbegradigung hatte für die Oberrheinlandschaft allerdings noch weitere Konsequenzen. Wegen der ab sofort erhöhten Fließgeschwindigkeit und Tiefenerosion fiel der Grundwasserspiegel in der weiteren Umgebung beträchtlich, wodurch Seitenarme trockenfielen und der Auendschungel stark zurückging. Das nur zur Erinnerung daran, dass auch hier jeder Eingriff in die Natur unterschiedliche Folgen hatte – und Kulturlandschaften in mehrfacher Hinsicht veränderte.

Zunächst war es die Textilindustrie, die von den gesteigerten Vorzügen des Rheins profitierte, dicht gefolgt von der Chemie. Heute säumen einige der größten Stahl-, Automobil-, Textil- und Chemiewerke der Welt die Ufer. Kanäle verbinden den Rhein mit der Ostsee, dem Mittelmeer und dem Atlantik. Notorische, unverbesserliche Rheinromantiker versuchten zwar durch die Jahrzehnte hindurch immer wieder, sich gegen die zunehmende Industrialisierung der Gegend zu wehren. Doch gerade ihr Enthusiasmus machte den Rhein auch immer mehr zur touristischen Attraktion, die Menschen aus aller Welt anzieht und fasziniert – längst nicht nur Technologiebegeisterte oder Kapitalismushistoriker. Schon immer berührte dieser Fluss die Menschen auf besondere Weise emotional und inspirierte sie zu Kunstwerken, Poesie und Erzählungen.

Ein Großteil der romantischen Vorstellungen über den Rhein beruht allerdings nicht nur auf seiner natürlichen landschaftlichen Schönheit. Sondern auf Ideen und Sichtweisen, die das Zeitalter der deutschen Romantik prägten, als Schriftsteller und Dichter den Fluss und seinen Schatz an Märchen und Legenden entdeckten und dieses kulturelle Erbe neu interpretierten. Johann Wolfgang von Goethe stand zwar weltanschaulich an der Wasserscheide zwischen Klassik und Romantik, setzte sich aber sehr fürs romantiktypische Ideal ein, traditionelle, alte Geschichten und den Geist des Mittelalters in der Gegenwart wiederzubeleben. Dazu gehörte unter anderem auch, die Schönheit der Natur und den Geist der Menschen in Beziehung zueinander zu setzen.

Goethe war bei Weitem nicht der Einzige, der die Ideen der Epoche gleichzeitig kritisierte und förderte. Der Düsseldorfer Heinrich Heine, so politisch und aufgeklärt seine Haltung auch war, lieferte 1824 mit seinem Gedicht »Lied von der Loreley« so etwas wie das große Mission-Statement für alle zukünftigen Arten von Rheinromantik. Die Legende, auf die er sich darin bezog, ist in erster Linie eine maritime Schauergeschichte – und sie erinnert stark an den Mythos von den griechischen Sirenen, die nicht nur den prominenten Seefahrer Odysseus ins Unglück locken wollten. In Heines Version klingt die Sage allerdings wesentlich, nun ja: deutscher. Ein verführerisches Mädchen sitzt da auf dem Loreley-Felsen (siehe S. 166/167), der direkt an einer Flussbiegung voller gefährlicher Hindernisse liegt, die unter ebenso gefährlichen Stromschnellen versteckt sind. Die junge Verführerin singt, wie jede Sirene, die etwas auf sich hält, und kämmt dazu ihr goldenes Haar. Womit sie die vorbeifahrenden Seeleute so stark

Das
Mus
eum
bebt
D-AQUI
BERLIN-TEMPELHOF
TM-19
SEIT 31 TAGEN
GEFANGENER

HANS SCHLEGEL
SPACELAB 1
THOMAS REITER
SPACELAB D-1

ablenkt, dass es zu schweren, fatalen Unfällen kommt. Sex, Tod und tiefe Wasser in einer einzigen Story, das ist meistens gut.

Der Vollständigkeit halber sollte man anmerken, dass der Felsen bei Sankt Goarshausen zuerst so hieß, auch wenn viele die toxische Sagenfigur für die ursprüngliche Namensträgerin halten. Der Rhein umfließt hier in einer scharfen Biegung das Massiv, es ist die engste und mit 25 Metern tiefste Stelle des schiffbaren Flusslaufs, also durchaus ein Ort der potenziellen Extreme. Heute befindet sich oben auf der Schieferwand eine riesige Konzertbühne für 15 000 Menschen, und wer in den 80er-Jahren alt genug war, um bewusst fernzusehen, hat damals womöglich Bob Dylan, Marillion oder The Police live beim Auftritt zugeschaut.

Der noch etwas größere Rheinmythos ist überhaupt eine der epischsten Geschichten aus deutscher Erzähltradition. Die Nibelungensage, dieses Familiendrama aus der Zeit der Völkerwanderung gegen Ende des Römischen Reiches, würde auch »Game of Thrones«-Fans restlos begeistern. Da geht es unter anderem ums Töten von Drachen und das Baden in ihrem Blut, um Intrigen, Krieg, Liebe und Leidenschaft, Verrat und Mord. Es ist die Mutter aller Fantasy-Reißer. Zum ersten Mal niedergeschrieben wurde das Werk im Jahr 1200 in Passau, im heutigen Kulturleben findet man es vor allem in der von Richard Wagner verfassten und regelmäßig in Bayreuth groß aufgeführten Opernfassung »Der Ring des Nibelungen«. Die Wurzeln des Stoffes reichen allerdings bis ins 6. Jahrhundert zurück, und er entfaltet sich zu großen Teilen in den Nebelfeldern des Rheintals. Was absolut Sinn ergibt: Keine andere deutsche Region hätte die epischen Dimensionen, die für eine Sage dieser Ausmaße benötigt werden. Der Nibelungenhort, ein sagenhafter Schatz, liegt dieser Erzählung nach noch heute tief im Wasser begraben und wird dort von den magischen Rheintöchtern mit den herrlichen Namen Wellgunde, Woglinde und Floßhilde bewacht. Dass hier auch noch das Versprechen von unverdientem, mysteriösem Reichtum im Spiel ist, macht die Geschichte erst richtig rund. Auch wenn niemand genau weiß, wo man nun eigentlich nach diesem fantastischen Gold tauchen soll.

Der Rhein ist eben nicht nur ein Gewässer, sondern auch eine Zeitmaschine. Auch in der historisch verbürgten Wirklichkeit hat er durch die Jahrhunderte den Aufstieg und Fall von Reichen und Imperien gesehen, die Entstehung von Nationen. Der Fluss war Zeuge römischer Eroberungen, mittelalterlicher Kämpfe und zuletzt der Entwicklung des modernen Europas. Der Rhein diente als natürliche Grenze, trennte Zivilisationen und markierte territoriale Trennungen. Von dieser strategischen Bedeutung, politisch wie wirtschaftlich, zeugen die vielen Festungen und Schlösser, die auf den Hügeln entlang des Stroms thronen und dafür sorgen, dass eine Flussfahrt in ästhetischer Hinsicht niemals öde wird.

Wer dieses reiche Erbe an historischen, märchenhaften Großartigkeiten auch ohne Ortsbegehung an sich vorbeiziehen lassen will, für die oder den ist dieses Buch ideal. Denn so wie die zwei Helden in ihrem Kanu nach und nach an den imposanten Bauwerken des Rheinufers entlanggleiten, so kann man dies auch beim Blättern durch die Fotosammlung erleben. Beginnend beim Wasserschloss Gottlieben in der Schweiz, dessen venezianisches Flair schon Napoleon aus nächster Nähe genoss (siehe S. 28 bis 30), über die spätmittelalterliche Burg Ehrenfels bei Rüdesheim (S. 122) bis hin zur Burg Reichenstein bei Bingen (S. 145), die vom Schirm des UNESCO-Welterbes Oberes Mittelrheintal denkmalsicher umschlossen wird.

Der Mäuseturm bei Bingen ist zwar kein ganzes Schloss, aber eine vergleichbar geheimnisvolle, zugleich ein bisschen Disney-artige Bauwerkikone (S. 148/149). Den Namen, so raunte man sich vor 500 Jahren zu, habe er durchs Schicksal des bemitleidenswerten Mainzer Erzbischofs Hatto II. bekommen, der im Jahr 870 hier inhaftiert und von bösartigen Mäusen aufgefressen worden sei. So gern man die Schauergeschichten hört, sie sind wohl pure Fantasie. Der Mäuseturm wurde als Wachturm konzipiert. Und das mittelhochdeutsche Wort »musen« heißt nun mal »jemandem auflauern«.

Auch die Burgruine Ehrenfels bei Rüdesheim (S. 150/151) wird von den meisten Betrachtern unmittelbar als Wahrzeichen erkannt. Ebenso fantastisch muten die Burg Rheinstein (S. 154/155 und 157), die aus dem frühen 14. Jahrhundert stammende Inselburg Pfalzgrafenstein (S. 160 bis 163) und die Burg Rheinfels (S. 172 bis 175) an. Und wer bei der Suche nach Bauwerklegenden gern Katz und Maus spielen will, wird ums bereits erwähnte Sankt Goarshausen herum fündig werden: mit den Burgen Maus (S.176/177) und Katz (S.180/181).

Dass der Rhein auch immer noch ein ökologisches Paradies ist, wird dabei oft übersehen. An seinen Ufern lebt eine Vielfalt an Pflanzen und Tieren. Arten wie Biber und Seeadler sind hier zu Hause, Naturschutzgebiete erstrecken sich hier, die zahlreichen Vogelarten als Rückzugsgebiet dienen. Auf vielen der Fotos in diesem Buch kann man das gut erkennen: Die grüne Seite des Rheins erlebt man wohl am unmittelbarsten, wenn man sich selbst ins Kanu setzt und ihn mit eigener Muskelkraft erkundet. Also ohne Motor.

Ein unvergessener Charakter der rheinischen Biodiversität bleibt dabei ein gewisser Moby Dick. Es war Mitte Mai 1966, als bei der Duisburger Wasserschutzpolizei ein eigenartiger Anruf einging. Ein Wal sei gesichtet worden, der völlig umstandslos durch den Rhein schwimmen würde, hieß es am Telefon. Die Beamten hielten den Hinweis für einen schlechten Scherz, bis sich immer mehr Bürgerinnen und Bürger mit ähnlichen Beobachtungen meldeten. Ein weißer Belugawal, im Rhein bei Duisburg, von der Lokalpresse sofort Moby Dick getauft – wie konnte das sein? Offenbar hatte ein Transportschiff den Meeressäuger in einen Zoo in England bringen wollen, war aber in einen Orkan geraten. Der Wal konnte sich befreien, schwamm erst mal einige Zeit den Rhein entlang. Und fand am Ende nicht nur den Weg ins offene Meer, sondern so auch in die individuelle Freiheit.

Eine andere, noch nicht erwähnte Qualität des Flusses und seiner Ufer sollte mindestens ebenso aufmerksam bewahrt werden. Der berühmte Weinbau am Mittelrhein, dem Abschnitt, der grob zwischen Bingen und Bonn liegt, ist seit einigen Jahren nämlich rückläufig (siehe S. 46/47). Was nicht unbedingt mit dem fortschreitenden Klimawandel zu tun hat, sondern vor allem mit der schwierigen wirtschaftlichen Situation der Winzer. Viele sind unter starken Preisdruck geraten und können vom Verkauf des Weins ihre Arbeit nicht mehr ausreichend finanzieren.

Es mutet nun zwar wie eine billige Ausrede an, aber man kann es durchaus so sehen: Wer verstärkt mit dem Riesling, Spät- oder Grauburgunder anstößt, der an den Hängen des Rheins gewachsen ist, unterstützt damit auch ein wichtiges deutsches Kulturgut. Warum es am Rhein so schön ist, wie ein saufseliger Schlager fragt? Weil an ihm wirklich alles zusammenkommt, das Schöne und Schwermütige, Altehrwürdige und hemmungslos Gegenwärtige. Man sollte es unbedingt noch ein paar Jahrhunderte lang genießen können.

LUFTHANSA

Fouquet

DEUTSCH

Ich wäre gerne, was ich bin
Doch das ist ziemlich schwer
Weil ich nicht bin, was ich so bin
Ach, wenn ich doch
Nur ich bloß wär'

Ich bin kein Lügner
Bin nur nicht richtig ehrlich
Auch bedrohlich nicht
Doch ein Rest gefährlich

Ich bin nicht böse
Bin nur nicht richtig gut
Auch nicht bange, nein
Ich hab' nur einfach keinen Mut

Ich bin überhaupt nicht dumm
Mitnichten richtig klug
Bin so gar kein Gauner
Doch fröhne dem Betrug

Ich wäre gerne, was ich bin
Das ist nicht leicht
Zu schwer
Seh' selber in mir selbst
Sehr viel, sehr viel Sinn
Tu' weiter so, als wenn nichts wär'

TIEFE WASSER SIND NICHT STILL

II · GLÜCK

BRÖMSERBURG
DIE BURG AM RHEIN
BRÖMSERBURG
DIE BURG AM RHEIN
527

Rüdesheim
KD Köln-Düsseldorfer

RÜDESHEIMER ROTTLAND

ICH HATTE HUNGER

Ich sprang zum Tier
Gefolgt vom Kameraden
Wir zogen das Essen aus dem Wasser und es war
sehr schwach und so konnte ich mit der kalten
Waffe ins Leben gehen und es war schnell zu
Ende

ENDLICH

Ich bin, wie ihr mich haben wollt
Bald steige ich auf wie eine Lerche
Steige auf in hohe Felder

DYNAMICA

RESTUBE

RÜDESHEIMER ROSENECK

SCHWEISS

Ich schwitze ohne Unterlass
Haare, Kleidung, ständig nass
Es gibt Inseln, sogar Reusen
Öffnet meine Haut die Schleusen

EMERALD
DORDRECHT

I 85 B820 1380 T 02205056

MISS JUNI

Nachts im Traum
Stehst du vor mir
Nimmst meine Hand
Und führst mich fort von hier

A-M

KUR:HAUS

BAHLES
9

HOTEL

DER MENSCH IM MENSCH

Haltet hin die Lippen
Die Zunge bietet feil
Haltet inne
Haltet still

Beim Blute unter meinen Rippen
Geb mein Wort ich frei
Wohl fruchtlos sei
Ein Kuss ist wohl das Tor zum Leben
Denn
Ohne Zungenschmeichelei
Wird es den Mensch im Mensch nicht geben

VOR- UND NACHTEIL

Ein Apfel, das ist jedem kund
Schmeckt oft gut
Ist auch gesund
Ist oft rot
Manchmal auch grün
Meistens rund

Doch
Hat er viele Kerne
Und einen Stiel
Ist leider laut im Mund
Das hab ich nicht so gerne

Und zum Schluss
Doch nicht am Ende
Vor dem allerersten Kuss
Im Paradies
Die Tragik dann
Der Apfel fällt nicht weit vom Mann

AUTOBAHN

Sie legten mich unter eine Brücke
Und kamen nie zurück

TIEFE WASSER SIND NICHT STILL

III · SEHNSUCHT

BALATONLELLE 2020 Julius.

ICH HOFFE

Hier ist es still
Ich trinke aus den Ohren
Herzschlag ruht
Puls gefroren
Sag mir einfach, was ich will
Ich hoffe sehr
Den Kindern geht es gut

15
687

Deutsches Sport & Olympia Museum
Gruß und Kuss
#inKöllezeHus
Privatgelände

EINSAMKEIT

Ich will nicht nach Hause gehen
Hab Angst, im Heim zu schlafen
Will nicht alleine stehen
Ein Schifflein ohne Hafen

LANXESS
www.wissenschaftsjahr.de

TIEFE WASSER SIND NICHT STILL

IV · QUERSINN

Oiltanking

FLEGEL

Ich bin ein wahrer Flegel
Halte mich an keine Regel
Ich tu, was mir gefällt
Und der Spaß fängt doch erst an
Tu, was ich nicht lassen kann

RACING

C. STEINWEG
ferroduo

HOCHZEIT

In der Abdeckerei
Der Töter ist Traubruder
Die Gäste waten durch
Gescheide
Und überall fault das Luder

Tiere wesen in den Ecken
Mit Blut die Rosenkinder necken
Der Priester steht im Schlachterkleid
Die Säge singt
Es ist so weit

Willst du bis …

SCHWEIN UND KIND

Kind steht vor Schwein
Und sagt
Pfui Schwein
Du stinkst
Frisst Dreck
Und liegst in deiner Scheiße
Du bist ein Schwein
Schwein sagt
Das ist unerhört
Ich verdiene Respekt
Bin doch klug und schlau
Man schreibt mir Verstand zu
Sagt, ich wäre intelligent

Kind sagt
Du bist nicht klug noch schlau
Lässt dich vom Menschen fressen
Schwein denkt nach
Kind auch

Kind zieht Schwein
Hut und Seide an
Schwein ist froh
Und legt sich wieder in die Scheiße

BG FREIGHT LINE

RESTUBE
32
SCHLEGEL

WARTEN

Alle warten
Ich warte
Du wartest
Erwartet
Kein Mitleid

Heiße Hand auf meinem Herzen
Kalte Hand auf Lippen
Kein Wort
Lasset Taten jubilieren
Ich warte
Du wartest
Erwartet
Mich

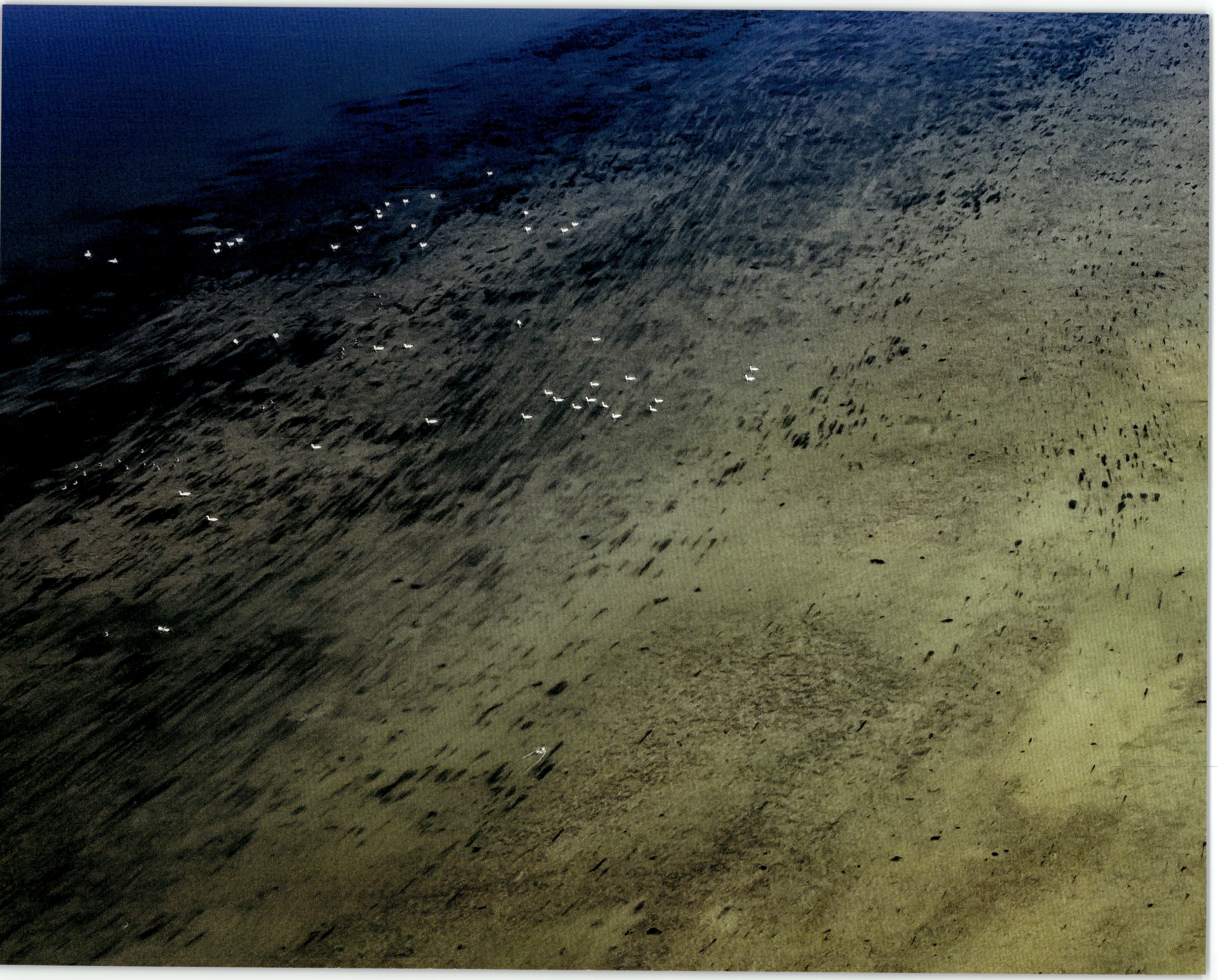

JOEY KELLY

geboren 1972 bei Toledo in Spanien, ist Bandmitglied der legendären »Kelly Family«, die bis heute über 20 Millionen Tonträger verkauft hat. Als Ausdauersportler und Abenteurer absolvierte er über 100 Marathons und Ultra-Wettkämpfe weltweit.

TILL LINDEMANN

geboren 1963 in Leipzig. In seiner Jugend Leistungssportler (Schwimmen). Lehre als Stellmacher und Tätigkeit als Korbflechter. Seit 1994 ist er Sänger und Texter der Band »Rammstein«. Weniger bekannt ist, dass er außerdem mehrere erfolgreiche Gedichtbände veröffentlichte.

IMPRESSUM

BILDNACHWEIS

Thomas Stachelhaus, geboren 1959 in Bochum, arbeitet als freischaffender Fotograf für verschiedene Verlage und Firmen. Nach einer Fotografenlehre folgte ein Studium mit Schwerpunkten Bildjournalismus und Architekturfotografie. Stachelhaus ist Auftragnehmer zahlreicher Organisationen und Konzerne; Ausstellungen seiner Werke wurden in Deutschland, Polen und der Schweiz gezeigt. Für Joey Kelly ist er seit mehr als 20 Jahren weltweit bei dessen Extrem-Abenteuern unterwegs. Alle Fotografien sind von ihm, inklusive der Umschlagbilder.

TEXTNACHWEIS

Till Lindemann verfasste speziell für diese Ausgabe die folgenden Gedichte:
S. 18/19: Ich will f***; S. 44: Zieh; S. 54: Moment um; S. 82: Immer wieder;
S. 88: Foto; S. 96/97: Alle Tiere wandern; S. 102: Immer wenn ich weg bin;
S. 120/121: Deutsch; S. 167: Der Mensch im Mensch; S. 180: Vor- und Nachteil;
S. 196: Ich hoffe; S. 227: Hochzeit; S. 230: Schwein und Kind; S. 237: Warten
© Till Lindemann 2024

Das Gedicht »Es geht mir gut« (S. 26) wurde entnommen aus: Till Lindemann, Joey Kelly »Amazonas« © 2021, NG Buchverlag GmbH, München

Folgende Gedichte wurden entnommen aus: Till Lindemann »100 Gedichte« veröffentlicht 2020 © Till Lindemann 2024:
S. 1: Ich rede; S. 21: Kapitän; S. 77: Kurzes Leben; S. 129: Ich hatte Hunger;
S. 185: Autobahn; S. 205: Einsamkeit; S. 218: Flegel

Folgende Gedichte wurden entnommen aus: Till Lindemann »Die Gedichte. Messer / In stillen Nächten« (8. Aufl.), veröffentlicht 2020 © Till Lindemann 2024:
S. 35: Wir zwei; S. 41: Zur See; S. 50: Für Conrad Ferdinand Meyer; S. 73: Sinn;
S. 110: Der Tod; S. 136: Endlich; S. 144: Schweiß; S. 156: Miss Juni

Die Deutsche Nationalbibliothek verzeichnet diese Publikation in der Deutschen Nationalbibliografie; detaillierte bibliografische Daten sind im Internet über http://dnb.d-nb.de abrufbar.

Verantwortlich Joachim Hellmuth
Art Direction und Organisation Feierabend Unique Books
Layout Thomas Stachelhaus, Frank Behrendt
Umschlaggestaltung Mathias Frisch, Feierabend Unique Books
Lektorat Dr. Juliane Braun, Diana Chowdhury
Korrektorat Simona Fois
Kartografie Peter Palm, Berlin
Herstellung Thomas Stachelhaus, Bettina Schippel
Repro LUDWIG:media
Gedruckt in der Türkei

★★★★★

Sind Sie mit diesem Titel zufrieden? Dann würden wir uns über Ihre Weiterempfehlung freuen.
Erzählen Sie es im Freundeskreis, berichten Sie Ihrem Buchhändler, oder bewerten Sie bei Onlinekauf. Und wenn Sie Kritik, Korrekturen, Aktualisierungen haben, freuen wir uns über Ihre Nachricht an Frederking & Thaler Verlag, Postfach 40 02 09, D-80702 München oder per E-Mail an lektorat@verlagshaus.de.

Unser komplettes Programm finden Sie unter

www.frederking-thaler.de

Alle Angaben dieses Werkes wurden von den Autoren sorgfältig recherchiert und auf den neuesten Stand gebracht sowie vom Verlag geprüft. Für die Richtigkeit der Angaben kann jedoch keine Haftung übernommen werden, weshalb die Nutzung auf eigene Gefahr erfolgt. Insbesondere bei GPS-Daten können Abweichungen nicht ausgeschlossen werden. Sollte dieses Werk Links auf Webseiten Dritter enthalten, so machen wir uns die Inhalte nicht zu eigen und übernehmen für die Inhalte keine Haftung.

Infanteriestraße 11a
80797 München

ISBN 978-3-95416-422-6

ISBN 978-3-95416-432-5

ISBN 978-3-95416-433-2